Un libro senza capitoli, una gu quattro passaggi da seguire, alla fine ti **mostrerò anche esempi di post che puoi sin da subito creare e che sono frutto di analisi dettagliate.**

Questo non è il classico libro sui social media diviso in capitoli. *Virali nel 2025* è una guida compatta e concentrata che ti porterà, passo dopo passo, alla scoperta dei segreti per creare contenuti virali e di impatto duraturo. Ogni sezione è studiata per farti avanzare con chiarezza e linearità, senza dispersione, per comprendere e padroneggiare la viralità nel 2025. Ecco i quattro passaggi che ti accompagneranno in questo percorso:

1. La Storia: Cosa Significa Davvero Andare Virale

Passaggio 1 racconta la vera storia e l'essenza della viralità. Non si tratta solo di numeri e visualizzazioni, ma di una connessione profonda tra creatore e pubblico. Qui esploreremo cosa significa "andare virale" e perché alcuni contenuti toccano le persone a un livello così profondo da spingerle a condividerli spontaneamente.

In questo passaggio scoprirai:

- **Le dinamiche psicologiche** che portano le persone a interagire e condividere.
- **Gli elementi universali di viralità** che trascendono il tempo e le mode.
- **La differenza tra viralità effimera e contenuti che rimangono** nella mente del pubblico.

---

2. Visione Esclusiva sulle Tendenze del 2025

In **Passaggio 2**, esploreremo le tendenze che domineranno i social media nel 2025. Questa sezione ti darà una visione esclusiva delle forze emergenti nel mondo digitale, delle nuove preferenze del pubblico e di come i contenuti stanno cambiando.

Analizzeremo come nascono le tendenze, come crescono e, infine, come si evolvono.

Cosa scoprirai qui:

- **Come si formano e si diffondono le tendenze virali** – dal benessere digitale alle esperienze immersive con VR e AR.

- **Le nicchie in ascesa** – moda sostenibile, benessere mentale, tecnologia applicata alla cura del corpo e fotografia aerea.
- **Predizioni su piattaforme e algoritmi** – su quali piattaforme puntare, quali contenuti favoriranno e come cogliere le opportunità.

---

3. Strategie e Strumenti per Creator di Successo

Il **Passaggio 3** è dedicato alle strategie e agli strumenti pratici. Qui troverai le tecniche fondamentali che ogni creator può applicare per migliorare la qualità dei propri contenuti e ottimizzare l'engagement. In questa sezione non solo scoprirai come costruire contenuti di impatto, ma anche come mantenere la tua audience coinvolta e interessata.

In questo passaggio apprenderai:

- **Strategie di contenuto per ciascuna piattaforma**, adattate ai trend del 2025.
- **Strumenti tecnologici all'avanguardia** per video, editing e grafica.
- **Suggerimenti pratici** per migliorare la tua presenza, dalla scrittura dei post alla creazione di video coinvolgenti e autentici.
- **Tecniche di fidelizzazione** per trasformare follower occasionali in fan attivi e leali.

4. Casi Studio e Storie di Successo

Passaggio 4 è una raccolta di storie reali: casi studio di creator che hanno raggiunto il successo comprendendo e applicando le dinamiche della viralità. Scoprirai come hanno sfruttato le tendenze, adattato il loro contenuto e, soprattutto, mantenuto una connessione autentica con il pubblico.

In questo passaggio troverai:

- **Lezioni chiave** tratte dalle esperienze di creator di successo.
- **Analisi dettagliate** delle strategie utilizzate nei loro contenuti virali.
- **Esempi concreti** di errori evitabili e di successi replicabili.

Queste storie saranno la tua fonte di ispirazione e guida per costruire una carriera solida e autentica sui social media.

Analizzeremo inoltre

I Trend che Rivoluzioneranno il Mercato.

le strategie specifiche per ogni piattaforma e gli approfondimenti psicologici che spiegano come creare engagement autentico e duraturo.

Esempi di posto che puoi creare in da subito

Conclusione: Un Invito a Creare e Connettere nel 2025

Alla fine di questo percorso in quattro passaggi, sarai pronto a creare contenuti con una comprensione più profonda delle dinamiche di viralità. **Non si tratta solo di visualizzazioni, ma di creare contenuti che risuonino, ispirino e facciano davvero la differenza.**

Passaggio 1: La Storia – Cosa Significa Davvero Andare Virale

---

La viralità è un concetto magico e sfuggente. Non esiste un'unica formula per ottenerla, eppure tutti i creator – dai principianti ai professionisti affermati – sognano di raggiungerla. Andare virale significa, essenzialmente, essere in grado di coinvolgere le persone, accendere un'idea, una sensazione o un messaggio nella mente di chi guarda, al punto da spingerle a condividere quel contenuto con altri. Ma cosa si nasconde davvero dietro al fenomeno della viralità? Cosa significa creare un contenuto che trascende il semplice "like" e diventa parte di una conversazione globale?

La Psicologia della Viralità: Perché le Persone Condividono?

Prima di tutto, bisogna comprendere perché le persone condividono. Alla base di ogni contenuto virale c'è un impulso emotivo.

Studi e ricerche psicologiche ci dicono che le persone condividono contenuti che:

- Rappresentano un riflesso di sé stessi. Quando vediamo un contenuto che parla della nostra identità, delle nostre passioni o delle nostre aspirazioni, ci sentiamo più motivati a condividerlo. È come dire al mondo: "Questo sono io."
- Generano emozioni forti. La sorpresa, la gioia, l'indignazione, l'empatia sono emozioni che spingono alla condivisione.

  Contenuti che riescono a suscitare queste reazioni aumentano le possibilità di essere condivisi.

- Portano valore. Le persone amano condividere informazioni utili, che siano consigli pratici, ispirazione o conoscenza. Un contenuto educativo o motivazionale ha alte probabilità di diventare virale.

Andare virale non è solo questione di numeri, è una connessione profonda. È creare un legame tra il contenuto e il pubblico, facendo sì che questo stesso pubblico voglia estendere l'esperienza ad altri.

L'Effetto Domino: Da Uno a Mille

Immagina il tuo contenuto come un singolo sassolino gettato in un lago calmo. Se è posizionato al centro dell'attenzione e se tocca il giusto punto di interesse, le onde si propagheranno, raggiungendo un numero sempre maggiore di persone. Questo effetto domino è quello che porta un video, una frase, o una foto a passare da una manciata di visualizzazioni a migliaia, poi milioni. In questo processo, la viralità non è più solo tua: è del pubblico che amplifica il messaggio.

La Viralità Effimera e la Viralità Sostenibile

Non tutti i contenuti virali hanno lo stesso impatto a lungo termine. Alcuni hanno una viralità effimera, come una scintilla che si accende e si spegne rapidamente, per poi lasciare spazio ad altro. Altri contenuti, invece, entrano nel tessuto culturale e continuano a essere ricordati e condivisi nel tempo. Per costruire una viralità sostenibile, è essenziale bilanciare novità e autenticità. I contenuti devono:

- Essere pertinenti: Devono parlare di temi importanti e attuali, che rispecchiano i valori del pubblico.
- Avere una durata nel tempo: Un messaggio che fa riflettere o una storia che resta impressa hanno una durata più lunga rispetto a un contenuto legato a un evento temporaneo.

L'Essenza di un Contenuto Virale

Alla base di un contenuto virale c'è spesso un tocco di autenticità. Il pubblico è ormai esperto di social media e riconosce subito se un contenuto è genuino o costruito esclusivamente per attirare visualizzazioni. Essere autentici non significa essere perfetti; significa mostrare vulnerabilità, emozioni vere e un pizzico di unicità. Questo è ciò che fa sì che le persone si fidino, si affezionino e vogliano rimanere connesse.

La Storia della Viralità: Dal Passato al Futuro

Andare virale oggi non è lo stesso che nel passato. Negli ultimi anni, la viralità si è evoluta insieme alla tecnologia e al comportamento delle persone. Oggi, piattaforme come TikTok e Instagram permettono a qualsiasi creator di raggiungere un pubblico globale con un singolo post. La viralità si è democratizzata, diventando accessibile a chiunque abbia un messaggio autentico e un po' di creatività.

Ma quali saranno i trend di viralità nel 2025? L'evoluzione continua. L'aumento della realtà aumentata (AR), della realtà virtuale (VR) e l'integrazione dell'intelligenza artificiale (AI) nei contenuti apriranno nuove possibilità per creare esperienze immersive e personali.

Per i creator che vogliono sfruttare questa evoluzione, il segreto non sarà solo nei nuovi strumenti, ma nell'usare questi strumenti per raccontare storie che tocchino le persone.

Il Vero Significato di "Andare Virale"

Infine, andare virale è diventare parte di qualcosa di più grande. È far parte di una conversazione globale, portare il proprio messaggio e il proprio brand oltre i confini personali e culturali. È una forma moderna di connessione umana che, nel 2025, sarà più accessibile e alla portata di chiunque abbia una storia da raccontare e la voglia di toccare le corde giuste.

Passaggio 2: Visione Esclusiva sulle Tendenze del 2025

Mentre ci avviciniamo al 2025, il panorama dei social media è destinato a cambiare radicalmente. Non si tratta solo di nuove piattaforme o formati, ma di un'evoluzione profonda nei contenuti, nei valori e nei modi di interazione. I creator che sapranno adattarsi e anticipare questi trend avranno un vantaggio competitivo decisivo. In questo passaggio, esploreremo le tendenze principali che definiranno il mondo digitale nel 2025 e vedremo come queste tendenze potranno dare ai creator strumenti e idee per restare rilevanti e, soprattutto, per farsi notare.

1. Benessere Digitale e Minimalismo Social

Con l'overload di informazioni e stimoli che abbiamo vissuto negli ultimi anni, si assiste a un ritorno al minimalismo e alla consapevolezza digitale. Gli utenti cercano sempre più spesso un rapporto sano con i social media, preferendo contenuti che promuovono

equilibrio e benessere mentale, fisico e emotivo.
Questo trend richiede ai creator di cambiare approccio:

- Meno è meglio: Contenuti più brevi, diretti e di valore avranno più successo rispetto a feed pieni di post poco significativi.
- Autenticità e vulnerabilità: Gli utenti vogliono vedere i creator come persone reali. I creator che parlano di self-care, mindfulness e benessere personale, mostrando anche i propri limiti e momenti di difficoltà, costruiranno un legame più profondo con il pubblico.
- Spazio per la riflessione: Contenuti che offrono una pausa, che ispirano calma e introspezione, saranno molto apprezzati. Questo trend favorirà formati come le storie brevi e i post visualmente puliti e rilassanti.

2. Esperienze Immersive: Realtà Aumentata (AR) e Realtà Virtuale (VR)

Nel 2025, la viralità non si limiterà ai video bidimensionali. Con l'avvento di dispositivi AR e VR più accessibili, gli utenti cercheranno esperienze che li facciano sentire al centro dell'azione.

- Filtri AR avanzati e interattivi: I creator potranno utilizzare la realtà aumentata per creare filtri e contenuti interattivi che permettano agli utenti di partecipare attivamente. Pensate ai filtri che offrono esperienze sensoriali, come passeggiate virtuali in luoghi lontani o tour immersivi in ambientazioni particolari.
- Esperienze VR dal vivo: La possibilità di assistere a eventi in realtà virtuale aprirà nuove opportunità per i creator. Concerti virtuali, sessioni di allenamento, o workshop VR permetteranno agli utenti di immergersi e partecipare in modo coinvolgente.
- Narrare storie immersive: I creator potranno utilizzare AR e VR per raccontare storie in modo innovativo. Le narrazioni potranno integrare l'utente come protagonista della storia, facendo sì che la viralità sia dettata dall'esperienza personale e dall'impatto emotivo.

3. Il Boom del Benessere Olistico e della Sostenibilità

Il 2025 vedrà un'enfasi crescente sul benessere olistico e sulla sostenibilità. Gli utenti vogliono saperne di più su come vivere in modo sano, bilanciato e in armonia con l'ambiente.

- Routine di self-care e benessere mentale: Dai tutorial di skincare naturale alle routine di benessere olistico, i contenuti che promuovono pratiche di cura della persona e benessere mentale continueranno a crescere.
- Moda e lifestyle sostenibili: I consumatori si allontanano sempre di più dalle scelte superficiali, preferendo contenuti che educano su scelte etiche e sostenibili. Questo include abbigliamento eco-friendly, prodotti zero waste, e soluzioni per uno stile di vita a basso impatto ambientale.
- L'educazione al benessere e alla sostenibilità: I creator che offrono informazioni su salute, nutrizione, ecologia e stili di vita sostenibili avranno un forte impatto, soprattutto se sapranno farlo in modo educativo e accessibile.

4. Contenuti Personalizzati grazie all'Intelligenza Artificiale (AI)

L'AI continuerà a rivoluzionare il modo in cui i contenuti vengono creati e personalizzati. Nel 2025, i creator avranno a disposizione strumenti avanzati per ottimizzare i contenuti in base agli interessi specifici del pubblico.

- Personalizzazione dell'esperienza utente: Grazie all'AI, sarà possibile adattare i contenuti ai singoli utenti, come raccomandazioni su misura,

storytelling interattivo, e interazioni dirette e personalizzate.
- Assistenti AI per i creator: I creator potranno utilizzare assistenti virtuali per monitorare i trend, analizzare i dati di engagement e ottimizzare i contenuti in tempo reale.
- Creazione di contenuti dinamici: L'AI renderà possibile generare video, immagini e testi in modo automatico, permettendo ai creator di creare velocemente contenuti mirati e freschi.

5. Fotografia aerea e Contenuti da Droni

La fotografia e i video aerei con droni continueranno a crescere, offrendo prospettive uniche e innovative. Con l'aumento dell'accessibilità dei droni, i creator potranno esplorare nuove possibilità visive.

- Storytelling visivo unico: La possibilità di mostrare luoghi e paesaggi da angolazioni nuove permette ai creator di raccontare storie in modo originale, offrendo esperienze visive mozzafiato.
- Contenuti per il turismo e l'avventura: I droni permettono di esplorare paesaggi remoti e ambienti naturali, catturando immagini che alimentano il desiderio di viaggiare e vivere avventure.
- Formato perfetto per la sostenibilità e la natura: I creator che trattano temi di natura, ambiente e cambiamenti climatici troveranno nel drone un

alleato perfetto per mostrare l'impatto ambientale e la bellezza della natura in modo diretto e coinvolgente.

6. Micro-Community e Engagement Profondo

Il pubblico del 2025 non cercherà solo contenuti da consumare, ma vere e proprie connessioni. Le piattaforme si sposteranno verso la creazione di micro-community: spazi dedicati agli interessi specifici, dove le persone possano sentirsi parte di un gruppo.

- Community private e riservate: Gruppi esclusivi su piattaforme come Discord, Telegram o club digitali su app di nicchia diventeranno luoghi di connessione intima e profonda con il proprio pubblico.
- Coinvolgimento autentico: Le micro-community offrono ai creator l'opportunità di interagire direttamente con i follower e instaurare relazioni solide, migliorando la fedeltà e l'engagement del pubblico.
- Contenuti esclusivi: Offrire contenuti dietro le quinte, anticipazioni, o live esclusivi ai membri della propria community sarà una leva fondamentale per aumentare il senso di appartenenza e fidelizzazione.

Conclusione

Le tendenze del 2025 premiano i creator che sanno anticipare il cambiamento, che capiscono le nuove esigenze del pubblico e che sanno adattarsi all'evoluzione tecnologica senza perdere di vista l'autenticità. Dal benessere olistico alla realtà virtuale, fino alle micro-community, il futuro dei social media è un luogo dove il valore, la connessione e l'esperienza sono al centro di tutto.

Passaggio 3: Strategie e Strumenti per Creator di Successo

Nel 2025, essere un creator di successo richiede non solo creatività, ma anche strategie ben definite e l'uso di strumenti avanzati. In questo passaggio, esploreremo tecniche pratiche e strumenti innovativi che ti permetteranno di far crescere la tua presenza sui social, ottimizzare i tuoi contenuti e costruire un rapporto autentico con il tuo pubblico.

1. Ottimizzare i Contenuti per Ogni Piattaforma

Ogni piattaforma social ha dinamiche e preferenze uniche, e adattare i contenuti al contesto di ciascuna è fondamentale. Di seguito, alcuni suggerimenti per ottimizzare i contenuti sulle principali piattaforme del 2025:

- Instagram e TikTok (video brevi e storytelling visivo): Le piattaforme di video brevi continueranno a dominare. Usa transizioni dinamiche, testi coinvolgenti e un ritmo veloce per mantenere alta l'attenzione. Sfrutta i formati verticali e concentra i messaggi chiave nei primi 3 secondi.
- YouTube (contenuti più lunghi e approfonditi): Anche se i video brevi sono popolari, su YouTube il pubblico apprezza ancora contenuti approfonditi. Tutorial, video di opinione e vlog restano rilevanti. Usa capitoli e anteprime accattivanti per facilitare la navigazione e mantenere l'utente coinvolto.
- Piattaforme emergenti per VR e AR: La realtà aumentata e virtuale saranno strumenti potenti. Adatta i contenuti per esperienze immersive, come tour virtuali, tutorial in 3D o esperienze interattive. Le piattaforme che supportano VR e

AR offriranno esperienze uniche per creare legami più profondi.

2. Costruire una Connessione Autentica con il Pubblico

I creator che riescono a creare un senso di comunità con il proprio pubblico ottengono un vantaggio competitivo importante. Le seguenti strategie ti aiuteranno a creare legami forti e autentici:

- Usa il formato Q&A e dirette live: Coinvolgi attivamente il pubblico tramite domande e risposte in tempo reale, che ti permettono di conoscere meglio i tuoi follower e rispondere direttamente ai loro interessi.
- Sfrutta i sondaggi e le opinioni del pubblico: I follower apprezzano sentirsi parte attiva della tua creazione. Sondaggi, domande nelle storie e commenti aperti possono fornire spunti per nuovi contenuti.
- Condividi il "dietro le quinte" e la tua storia: Mostrare aspetti del proprio lavoro e della propria vita, con autenticità e trasparenza, umanizza il

creator e permette al pubblico di sentirsi più vicino.

3. Sperimentare con Formati e Stili di Contenuto

Nel 2025, la sperimentazione sarà fondamentale per restare rilevanti. I creator di successo sono quelli che non temono di provare nuovi formati e idee. Ecco alcuni suggerimenti:

- Mix di contenuti brevi e lunghi: Sperimenta la combinazione di video brevi per attrarre nuovi utenti e video più lunghi e dettagliati per aumentare la fidelizzazione.
- Inserisci elementi di storytelling: Anche i post brevi possono raccontare una storia. Usa tecniche narrative come l'introduzione di un problema e la sua risoluzione o il viaggio di trasformazione, in modo che l'utente senta di aver partecipato a qualcosa di significativo.
- Contenuti interattivi con AR e VR: Filtri AR, esperienze immersive e contenuti che permettono al pubblico di "partecipare" attivamente aumentano l'engagement. Sfrutta questi strumenti per offrire esperienze sensoriali e coinvolgenti.

4. Sfruttare l'Intelligenza Artificiale per Personalizzare i Contenuti

L'AI sarà uno degli strumenti più potenti per i creator del 2025, consentendo di personalizzare e ottimizzare i contenuti con una precisione senza precedenti. Alcuni utilizzi strategici includono:

- Analisi predittiva dell'engagement: Gli algoritmi di AI possono analizzare i dati del pubblico per prevedere i contenuti che avranno maggior successo. Questo ti permette di creare contenuti in linea con i gusti e le preferenze del pubblico.
- Generazione automatizzata di contenuti: Tool di AI possono aiutarti a creare bozze di post, descrizioni video o anche script, lasciando più tempo alla creatività.
- Segmentazione avanzata del pubblico: Grazie all'AI, sarà possibile segmentare il pubblico con maggiore precisione, identificando i gruppi più interessati a determinati tipi di contenuti e adattare i post per ogni segmento.

5. Monitorare le Tendenze in Tempo Reale

I trend cambiano rapidamente, e restare aggiornati è fondamentale per chiunque voglia andare virale. Ecco alcuni strumenti e strategie per monitorare le tendenze in tempo reale:

- Utilizza tool di monitoraggio social: Strumenti come Google Trends, BuzzSumo e TrendHunter ti aiutano a scoprire i contenuti popolari e a individuare i trend del momento, così da poter reagire rapidamente con contenuti aggiornati.
- Sfrutta le analisi di piattaforma: TikTok, Instagram e YouTube offrono dati utili sulle performance di post, follower e trend. Analizza regolarmente questi dati per comprendere cosa funziona meglio e su cosa concentrarti.
- Partecipa a community di settore: Entrare in gruppi dedicati ai creator e partecipare a forum come Clubhouse, Discord o Reddit permette di scambiare idee, confrontarsi sui trend e ottenere feedback in tempo reale.

6. Investire su Micro-Community e Coinvolgimento Diretto

I creator di successo stanno abbandonando l'idea di un pubblico vasto e anonimo per concentrarsi su micro-community coese e attive. Queste comunità offrono maggiori opportunità di interazione e fidelizzazione.

- Gruppi esclusivi e contenuti privati: Piattaforme come Discord e Telegram permettono di creare spazi esclusivi per i fan più appassionati, dove poter offrire contenuti esclusivi, anticipazioni o sessioni di Q&A.

- Newsletter personalizzate e comunicazione diretta: Anche nel 2025, l'email marketing rimarrà uno strumento efficace. Creare una newsletter personalizzata con contenuti dedicati ti permetterà di instaurare un legame più diretto con il tuo pubblico.
- Eventi e live streaming esclusivi: Organizzare eventi virtuali riservati ai membri della tua micro-community o ai tuoi follower più fedeli aumenta il senso di appartenenza e ti permette di costruire relazioni solide.

7. Collaborazioni con Altri Creator e Brand

Le collaborazioni continueranno a essere uno strumento strategico per aumentare la portata e ampliare il pubblico. Tuttavia, le collaborazioni più efficaci saranno quelle con creator o brand che condividono valori simili.

- Collabora con micro-influencer e creator di nicchia: Le collaborazioni con creator di nicchia che hanno un seguito fedele possono portare un pubblico nuovo e interessato, con un impatto maggiore sull'engagement rispetto alle collaborazioni con macro-influencer.
- Partner selezionati e autentici: Gli utenti sono ormai sensibili alla trasparenza e alla coerenza. Scegli collaborazioni che siano in linea con il tuo

messaggio, per evitare di compromettere la fiducia del pubblico.

- Co-creazione di contenuti: Sperimenta la co-creazione con altri creator per sviluppare progetti inediti, come podcast, vlog o serie di post. La combinazione di stili diversi può risultare in contenuti freschi e accattivanti.

Conclusione: La Strategia Vincente è l'Autenticità

Nel 2025, i creator di successo saranno quelli che sapranno combinare strategia e autenticità. La viralità non deriva solo dall'inseguire i trend, ma dalla capacità di interpretare questi trend in modo autentico e originale, offrendo al pubblico contenuti di valore e genuini. I tool e le strategie non sono che mezzi per realizzare una visione creativa che parli alle persone, rispondendo ai loro desideri, alle loro paure e alle loro passioni.

Sperimenta, connettiti e resta sempre fedele a ciò che vuoi davvero comunicare. Con queste strategie e strumenti, il successo è a portata di mano.

Passaggio 4: Casi Studio e Storie di Successo

Ogni creator che ha raggiunto il successo nel mondo dei social media è partito da un punto preciso, spesso con poche risorse ma con una visione chiara. Dietro ogni contenuto virale c'è una storia fatta di esperimenti, errori e piccole vittorie che hanno portato a grandi risultati. In questo passaggio finale, esploreremo alcune storie di successo e analizzeremo i casi studio di creator che hanno sfruttato al meglio le tendenze, adattato le strategie e costruito un legame autentico con il loro pubblico. Ognuna di queste storie offre insegnamenti preziosi e replicabili, perfetti per ispirare il prossimo passo nel tuo percorso da creator.

Caso Studio 1: Il Potere dell'Autenticità – La Storia di Alice e il Wellness Digitale

Background: Alice è una creator che si è lanciata nel mondo del benessere mentale e fisico in un momento in cui la saturazione dei contenuti di fitness e self-care era già molto alta. Anziché puntare su perfezione e performance, ha scelto di condividere i suoi momenti più vulnerabili e di parlare apertamente delle sue difficoltà personali con l'ansia e lo stress.

Strategia e Risultati:

- Alice ha creato una serie di "giorni no" in cui documentava, in modo semplice e senza filtri, i suoi tentativi di riprendersi nei momenti di difficoltà. I follower hanno apprezzato questa apertura e hanno iniziato a condividere a loro volta le loro storie.
- Ha sfruttato i sondaggi e le domande nelle storie di Instagram per coinvolgere attivamente il suo pubblico, creando una community di supporto reciproco. Questo ha aumentato il tasso di engagement e ha reso il suo profilo un punto di riferimento per la salute mentale.

Lezione: Essere autentici e non temere di mostrare le proprie vulnerabilità è una potente strategia per costruire fiducia e connessione con il pubblico. La trasparenza ha permesso ad Alice di emergere in un settore molto competitivo e di creare un brand basato sull'empatia e sul supporto.

Caso Studio 2: Innovazione e Immersione – L'Esperienza VR di Luca per il Turismo Sostenibile

Background: Luca è un content creator appassionato di viaggi e sostenibilità. Nel 2025, ha deciso di distinguersi dai tradizionali travel blogger, sfruttando la tecnologia VR per portare i suoi follower "dentro" i luoghi che visitava, offrendo un'esperienza di viaggio virtuale.

Strategia e Risultati:

- Luca ha collaborato con un brand di VR e ha iniziato a pubblicare video immersivi in realtà virtuale, permettendo ai suoi follower di esplorare spiagge, montagne e città lontane, come se fossero lì con lui.
- Ha offerto esperienze uniche, come meditazioni al tramonto sulle spiagge deserte o escursioni in luoghi nascosti, accessibili solo tramite VR. L'interattività ha attratto brand turistici e

organizzazioni per il turismo sostenibile, aumentando le sue collaborazioni.

Lezione: Sperimentare con tecnologie innovative può trasformare la fruizione di contenuti, rendendola più coinvolgente. La realtà virtuale ha permesso a Luca di creare un'esperienza emotiva e immersiva, differenziandosi dagli altri travel creator e attirando un pubblico affamato di novità e autenticità.

Caso Studio 3: Micro-Community e Contenuti Esclusivi – La Rivoluzione di Federica nella Fotografia

Background: Federica è una fotografa che si è specializzata in fotografia naturalistica e sostenibilità. In un'epoca in cui molte fotografie di natura sono ovunque, ha scelto di creare una micro-community dedicata agli amanti della natura e della fotografia, focalizzandosi su contenuti esclusivi.

Strategia e Risultati:

- Ha creato un gruppo privato su Discord dove condivide consigli di fotografia, location segrete e tutorial esclusivi. I membri del gruppo sono coinvolti attivamente, partecipano a sfide fotografiche e ricevono feedback personalizzati.
- Federica offre anche contenuti premium, come workshop virtuali e guide di viaggio, che hanno contribuito a costruire un legame forte e fidelizzato con i membri della community, trasformando semplici follower in veri e propri sostenitori.

Lezione: Investire in micro-community porta a un engagement più profondo e a una maggiore fidelizzazione. Federica ha creato un ambiente intimo e coinvolgente, dove ogni membro si sente valorizzato. Questo approccio ha aumentato non solo l'interazione, ma anche le opportunità di monetizzazione e collaborazione.

.

Caso Studio 4: Sostenibilità e Coinvolgimento Sociale – La Missione di Marco per il Cambiamento Climatico

Background: Marco è un attivista digitale per il cambiamento climatico, che ha trovato il modo di fare informazione su un tema complesso in modo semplice e coinvolgente. Ha scelto di usare il formato dei video brevi e delle grafiche animate per diffondere consapevolezza sulle questioni ambientali.

Strategia e Risultati:

- Marco ha utilizzato video TikTok e Instagram Reels per spiegare concetti scientifici e soluzioni pratiche per ridurre l'impatto ambientale. Con l'aiuto di animazioni, ha reso la scienza accessibile e divertente.
- Ha collaborato con organizzazioni no-profit e ha creato campagne interattive, come sfide settimanali per incoraggiare i follower a ridurre l'uso della plastica o a risparmiare energia. Le sue campagne hanno portato a una crescita esponenziale dei follower e a un impatto sociale tangibile.

Lezione: Rendere accessibili temi complessi con formati leggeri e coinvolgenti è una strategia vincente. Marco ha saputo usare la viralità per informare e sensibilizzare, dimostrando che la viralità può anche portare cambiamento e consapevolezza.

Caso Studio 5: L'AI e la Personalizzazione dei Contenuti – La Strategia di Giulia per il Benessere Personale

Background: Giulia è una creator specializzata nel benessere e nella salute olistica. Ha saputo sfruttare l'intelligenza artificiale per personalizzare i contenuti e fornire ai suoi follower esperienze su misura, cosa che ha aumentato notevolmente l'engagement.

Strategia e Risultati:

- Grazie a un software di AI, Giulia ha analizzato i dati del suo pubblico e ha creato contenuti personalizzati per specifici segmenti, offrendo piani di self-care personalizzati, consigli e routine adatte a diverse esigenze.
- Ha implementato un chatbot di AI per rispondere alle domande frequenti dei follower e offrire consigli automatici, che hanno migliorato l'interazione e hanno dato una percezione di cura e attenzione costante.

Lezione: L'AI permette di offrire contenuti su misura, migliorando l'esperienza utente e creando un engagement di qualità. Giulia ha dimostrato come la tecnologia possa essere un alleato per rendere l'esperienza più intima e personalizzata, aumentando il valore percepito del brand.

Conclusione: Lezioni da Creator di Successo

Questi casi studio mostrano come il successo sui social media non sia solo una questione di fortuna, ma di strategia, autenticità e adattamento ai trend del momento. I creator che sanno sfruttare le tendenze, creare connessioni reali e integrare tecnologie innovative riescono a costruire una presenza che va oltre la viralità temporanea e diventa rilevante nel tempo.

Insegnamenti chiave:

- Essere autentici e trasparenti costruisce fiducia e crea legami duraturi con il pubblico.
- Sfruttare le nuove tecnologie, come VR e AI, permette di creare contenuti unici e innovativi.
- Investire nelle micro-community porta a un engagement più profondo e a maggiori opportunità di monetizzazione.
- Focalizzarsi su temi rilevanti per il pubblico, come sostenibilità e benessere, crea un impatto che va oltre il like.

Le storie di successo di questi creator sono la prova che, con visione e strategia, è possibile trasformare la passione in una carriera solida e significativa sui social media.

Trend che Rivoluzioneranno il Mercato

Il 2025 sarà un anno di svolta per il panorama digitale, e i trend emergenti si concentreranno sulla connessione emotiva, sull'interattività e sulla sostenibilità. Ecco alcuni dei principali trend che trasformeranno il modo in cui i creator si relazionano al pubblico:

1. **Benessere Digitale e Consapevolezza nei Social Media**
   - La saturazione di contenuti ha portato a un'esigenza crescente di connessione più consapevole e di esperienze significative. Gli utenti cercheranno contenuti che

abbiano un impatto positivo sulla loro vita, favorendo creator che promuovono la salute mentale e la crescita personale. I contenuti che ispirano, che calmano e che offrono valore reale avranno la meglio.

2. **Esperienze Immersive con Realtà Aumentata (AR) e Realtà Virtuale (VR)**
   - La crescita delle tecnologie AR e VR offrirà agli utenti esperienze più coinvolgenti e interattive. Dai filtri AR che permettono al pubblico di immergersi nel contenuto, ai tour virtuali e agli eventi in VR, questi strumenti diventeranno fondamentali per creare engagement.

3. **Personalizzazione Estrema tramite Intelligenza Artificiale (AI)**
   - L'AI permetterà di personalizzare i contenuti in base agli interessi e ai comportamenti dei singoli utenti. Con l'AI, i creator potranno offrire esperienze sempre più su misura, migliorando la qualità dell'engagement e il senso di appartenenza del pubblico.

4. **Community Esclusive e Micro-Community**
   - Il pubblico non cerca solo di seguire creator, ma di entrare a far parte di comunità che rispecchiano i propri interessi e valori. I creator investiranno nelle micro-community, offrendo spazi esclusivi dove i

follower possono connettersi in modo più profondo e diretto.

5. **Contenuti per il Cambiamento e la Sostenibilità**
   - I consumatori del 2025 preferiranno i creator che promuovono messaggi di responsabilità sociale e ambientale. La sostenibilità, il benessere olistico e l'impatto ambientale saranno tematiche fondamentali, specialmente per i brand e i creator che vogliono costruire una relazione autentica con il pubblico.

Strategie per Ogni Piattaforma

Ogni piattaforma ha caratteristiche specifiche che richiedono un approccio mirato. Di seguito, una guida alle migliori strategie per ciascuna delle principali piattaforme del 2025.

1. **TikTok e Instagram Reels (Video Brevi e Storytelling Veloce)**
   - **Contenuti dinamici e coinvolgenti:** Conquista l'attenzione nei primi 3 secondi con visual accattivanti, testi in sovrimpressione e musica di tendenza.
   - **Sfrutta le sfide e i trend:** Partecipare ai trend di TikTok e creare "challenge" con

hashtag sono strumenti efficaci per raggiungere un pubblico più vasto.

- ○ **AR e filtri interattivi:** I filtri di AR personalizzati e interattivi mantengono alta l'attenzione e incentivano la condivisione. Crea filtri che aggiungano valore o divertimento ai contenuti del pubblico.

2. **YouTube (Contenuti Approfonditi e Lunghi)**
   - ○ **Tutorial e long-form content:** Gli utenti di YouTube apprezzano i contenuti dettagliati, come i tutorial, i vlog e le recensioni approfondite. Fornisci valore attraverso guide pratiche e contenuti informativi.
   - ○ **Capitoli e strutturazione chiara:** Dividi i video in capitoli per facilitare la navigazione e rendere più facile agli utenti trovare le informazioni di cui hanno bisogno.
   - ○ **Collaborazioni con altri creator:** Le collaborazioni su YouTube sono ancora un potente strumento per espandere la portata e raggiungere nuovi pubblici.

3. **Piattaforme AR/VR (Esperienze Immersive e Personalizzate)**
   - ○ **Esperienze dal vivo in VR:** Organizza eventi VR o esperienze in realtà virtuale che permettano agli utenti di vivere il contenuto in prima persona, come concerti, viaggi virtuali o sessioni di allenamento interattive.

- **Storie e narrazioni immersive:** Sfrutta VR e AR per raccontare storie che coinvolgano gli utenti come protagonisti, come tour narrativi o giochi immersivi.
- **Filtri AR personalizzati:** Creare filtri AR su misura per specifiche campagne o eventi permette di costruire un engagement attivo.

4. **Discord e Telegram (Community Private e Micro-Community)**
   - **Gruppi esclusivi e contenuti privati:** Usa Discord o Telegram per creare gruppi esclusivi in cui puoi offrire contenuti anticipati, dietro le quinte o sessioni di domande e risposte con i tuoi fan più appassionati.
   - **Moderazione attiva:** Per costruire una community solida e positiva, è fondamentale una moderazione efficace. Coinvolgi il pubblico e promuovi una cultura di rispetto e condivisione autentica.
   - **Eventi live e interazioni personali:** Organizza eventi live esclusivi e sessioni interattive che permettano agli utenti di sentirsi membri privilegiati della tua community.

Approfondimenti Psicologici sull'Engagement

Creare engagement sui social media non significa semplicemente ottenere "like" e commenti, ma instaurare una connessione profonda e duratura. Comprendere i meccanismi psicologici alla base del coinvolgimento può fare la differenza. Ecco alcuni elementi fondamentali:

1. **Emozioni Forti come Catalizzatori di Condivisione**
   - Le emozioni intense (gioia, sorpresa, ispirazione, empatia) aumentano la probabilità di condivisione. I contenuti che suscitano una reazione emotiva forte tendono a essere più virali, poiché le persone vogliono condividere con il proprio network ciò che le ha toccate.
2. **Desiderio di Appartenenza e Identità Sociale**
   - Le persone tendono a seguire creator che rispecchiano i loro valori e ideali. Offrire uno spazio di condivisione e appartenenza (come le micro-community) aiuta a fidelizzare il pubblico, perché permette di sentirsi parte di un gruppo di persone con cui condividono interessi e visioni del mondo.
3. **Validazione Sociale e Coinvolgimento Attivo**
   - Il principio della validazione sociale suggerisce che le persone sono più propense a impegnarsi con un contenuto se vedono che altri lo stanno facendo.

Mostrare feedback, reazioni e testimonianze dei follower crea una sorta di "contagio sociale," incentivando altre persone a partecipare.

- Coinvolgere attivamente gli utenti con domande, sondaggi o call-to-action li fa sentire parte integrante del contenuto e ne aumenta la fedeltà. Creare contenuti che prevedono una risposta diretta, come domande o "sfide," rende più probabile l'engagement.

4. **Effetto "Backstage" e Autenticità**
   - Gli utenti cercano sempre più autenticità e trasparenza dai creator che seguono. Mostrare il "dietro le quinte" o rivelare aspetti personali della propria vita rende i creator più umani e vicini al pubblico. Questo approccio crea una connessione emotiva e rafforza la fiducia.

5. **Effetto di Coinvolgimento e Impegno Progressivo**
   - Il principio del coinvolgimento progressivo suggerisce che le persone che compiono piccole azioni a favore di un creator (come commentare un post o rispondere a un sondaggio) sono più propense a compierne altre, più significative, in futuro. Gradualmente, queste piccole interazioni costruiscono una relazione che può portare a un maggiore coinvolgimento, come la

condivisione dei contenuti o il supporto economico diretto.

6. **Curiosità e Anticipazione**
   ○ I contenuti che giocano con la curiosità e lasciano spazio all'immaginazione generano un forte engagement. Anticipare i contenuti futuri con piccoli indizi o usare titoli che suscitano curiosità crea una tensione positiva che incentiva l'interazione e l'attesa del prossimo post.

Conclusione

Nel 2025, il mercato dei social media sarà sempre più orientato verso l'esperienza utente, la connessione autentica e il valore reale. Comprendere e applicare questi trend, strategie e principi psicologici può aiutare i creator a costruire non solo una presenza virale, ma anche una community fedele e impegnata. Che si tratti di sfruttare nuove tecnologie come VR e AR, personalizzare i contenuti con AI o investire in micro-community, l'obiettivo è sempre lo stesso: **creare valore per il pubblico** e **fidelizzare attraverso la connessione umana.**

ESEMPI DI POST CHE POTREBBERO ANDARE VIRALI

Esempio 1: Benessere e Mindfulness – "Il Tuo Minuto di Pausa"

Script: 🔊 **Prenditi 1 minuto per te stesso/a. Sì, proprio ora!** 🦷

"Chiudi gli occhi, fai un respiro profondo, e lascia andare tutte le preoccupazioni per un momento. In questo minuto, sei solo tu. Sei abbastanza. Non hai bisogno di fare altro che respirare."

Testo sullo schermo: "Respira. Rilassati. Ripeti." □□✨

"Imposta un promemoria ogni giorno. Un minuto può sembrare poco, ma può cambiare tutto. Commenta 'IO' se oggi ti prendi questo minuto."

Dritta: Crea un senso di calma e sicurezza con un tono lento e rassicurante. Usa un linguaggio semplice e diretto per fare appello a chiunque si senta sopraffatto. **Coinvolgi con una CTA (call-to-action)** che incoraggi le persone a impegnarsi in un'azione immediata e accessibile, come commentare "IO". Questo rende il post personale e invita il pubblico a fare una piccola azione per sé stessi.

Esempio 2: Turismo e Avventure Virtuali – "Scopri una Nuova Destinazione in VR"

Script: □ **Vuoi esplorare un luogo lontano senza lasciare casa? Oggi ti porto in un viaggio speciale!**

"Indossa le cuffie, rilassati e preparati a fare un giro virtuale in uno dei posti più magici al mondo: le cascate di Iguazú! 🐒 Lascia che il suono dell'acqua e la vista mozzafiato ti trasportino lì per qualche minuto. Sei pronto a partire?"

Testo sullo schermo: "Premi play e lasciati andare. Viaggiare è solo un attimo." 🎧✨

"Commenta con un □ se ti piacerebbe esplorare anche altre destinazioni. Potremmo creare una serie insieme!"

Dritta: Gioca sull'elemento della sorpresa e della curiosità per attirare l'attenzione, e usa la promessa di un'esperienza sensoriale per coinvolgere emotivamente. **Usa un emoji specifico come simbolo di coinvolgimento** (come il "□" per il viaggio) per rendere l'interazione semplice e visibile. Questo stimola il pubblico a esprimere il proprio interesse e invita chi commenta a sentirsi parte della community.

Esempio 3: Sostenibilità e Cambiamento – "1 Piccolo Gesto per il Pianeta"

Script: 🌱 **Vuoi fare qualcosa per l'ambiente, ma non sai da dove iniziare? Comincia da qui…**

"Se tutti noi risparmiassimo solo una bottiglia di plastica a settimana, risparmieremmo milioni di tonnellate di plastica all'anno. Un piccolo gesto, un grande impatto."

Testo sullo schermo: "Sfida: evitiamo 1 bottiglia di plastica questa settimana. Puoi farcela?" 💪◻️

"Scrivi 'INIZIO' nei commenti se accetti la sfida e condividi un modo per ridurre l'uso della plastica. Facciamo la differenza insieme!"

Dritta: Mantieni il messaggio semplice e orientato all'azione. Dare un suggerimento concreto e misurabile, come "una bottiglia a settimana", rende il cambiamento percepibile e fattibile. **Lancia una sfida facile e invita all'azione**, con un commento (come "INIZIO") per stimolare l'impegno pubblico e l'effetto comunitario. Questo aiuta a trasformare il pubblico in un gruppo attivo e coinvolto.

Esempio 4: Motivazione e Crescita Personale – "Impara a Dire di No"

Script: 🚫 La parola più potente che hai è **"NO."**

"Dire di no è difficile, ma ogni volta che dici di no a qualcosa che non ti serve, stai dicendo sì a te stesso. Prova a dire no una volta in più questa settimana e osserva come ti senti."

Testo sullo schermo: "Pratica il NO. Proteggi il tuo tempo e le tue energie." 💪🕐

"Se hai già imparato a dire di no, lascia un '💯' nei commenti! Condividi la tua esperienza per ispirare altri."

Dritta: La chiave di questo post è l'empatia e l'autenticità. Molti si sentono in colpa o hanno difficoltà a dire di no. **Usa una frase breve e diretta** come "dire sì a te stesso" per rendere il messaggio potente. Incoraggia a commentare con l'emoji "💯" per promuovere il supporto e creare una community che si ispiri a vicenda.

Esempio 5: Tecnologia e Innovazione – "Ti Sei Mai Chiesto Cos'è l'AR?"

Script: 👓 **Hai mai provato a indossare un filtro AR? È molto più di un semplice effetto divertente!**

"La realtà aumentata (AR) può trasformare il modo in cui viviamo il mondo intorno a noi. Pensaci: non solo filtri carini, ma possibilità di esplorare luoghi, conoscere informazioni e vedere tutto da nuove prospettive."

Testo sullo schermo: "La prossima volta che usi un filtro, pensa a cosa potrebbe cambiare nella tua vita grazie all'AR!" 🔍☐

"Se hai mai usato un filtro AR, scrivi un '☐☐' nei commenti e dimmi cosa ti piacerebbe provare!"

Dritta: Punta su curiosità e sorpresa. Molti usano l'AR per gioco, ma pochi ne comprendono il potenziale. **Proponi una nuova prospettiva sull'AR** e invoglia a immaginare l'uso. Includi un emoji come "☐☐" per stimolare il coinvolgimento nei commenti e rendere il post visivamente accattivante.

Esempio 6: Gratitudine e Riflessione – "Una Cosa di Cui Sei Grato"

Script: 🙏 La vita è fatta di piccoli momenti. Di cosa sei grato oggi?

"Prendersi un minuto per riconoscere una cosa bella che abbiamo è uno dei gesti più semplici e potenti per vivere meglio. Commenta una cosa che ti ha fatto sorridere oggi. Un caffè caldo, una passeggiata, un sorriso..."

Testo sullo schermo: "La gratitudine non cambia la realtà, ma cambia come la vediamo." ☀️□🖤□

Dritta: Questo tipo di post è efficace perché crea una connessione emotiva e invita il pubblico a riflettere su aspetti positivi della vita. **Invita a commentare con una condivisione personale**, come una cosa di cui sono grati, creando un senso di community e di positività.

Esempio 7: Fotografia e Natura – "Una Prospettiva Unica sul Mondo"

Script: □ **Hai mai visto la natura dall'alto? È mozzafiato…**

"La prossima volta che sei in un luogo naturale, guarda il mondo da un'altra prospettiva. È incredibile come cambiano le cose quando le osservi da un punto di vista diverso."

Testo sullo schermo: "Dall'alto, ogni cosa sembra più piccola, ma anche più importante." □✦˖

"Se hai scattato una foto dall'alto, condividila nei commenti e vediamo insieme la bellezza della natura!"

Dritta: Usa il linguaggio visivo e l'emozione della bellezza naturale. **Incoraggia il pubblico a condividere i propri contenuti**, come foto o esperienze, in modo da creare una galleria comune e un senso di partecipazione attiva.

Ecco una lista di 100 hashtag che potrebbero diventare virali nel 2025, seguiti da 100 parole o frasi leva per catturare l'attenzione del pubblico.

---

100 Hashtag Virali per il 2025

1. #Benessere2025
2. #ViviSostenibile
3. #1MinutoPerTe
4. #RespiraProfondo
5. #ViaggioVirtuale
6. #EsperienzaAR
7. #TecnologiaSostenibile
8. #ConnessiConLaNatura
9. #BenessereDigitale
10. #PraticaLaGratitudine
11. #FuturoSostenibile
12. #PausaPerTe
13. #SaluteMentale2025
14. #InnovazionePersonale
15. #SceltaConsapevole
16. #MindfulMoments
17. #RicaricaEnergia
18. #MinimalismoDigitale
19. #EcologiaUrbana
20. #ResetMentale
21. #VRExperience
22. #IniziaOra

23. #NuoveProspettive
24. #FotografiaAerea
25. #MenteSana
26. #CuraDiTe
27. #SlowLiving2025
28. #EcoTrend
29. #SelfCareVirtuale
30. #RicaricaSpirituale
31. #CommunityPositiva
32. #PraticaLaGentilezza
33. #BenessereOlistico
34. #StopPlastica
35. #EquilibrioDigitale
36. #ViaggiaConNoi
37. #GuarigioneOlistica
38. #NoAlCaos
39. #ImpattoPositivo
40. #Resilienza2025
41. #Empatia2025
42. #RespiraECalmati
43. #SemplicitàEssenziale
44. #GratitudineGiornaliera
45. #Ecoscienza
46. #BenessereEmotivo
47. #AbitudiniConsapevoli
48. #EquilibrioInteriore
49. #AmbienteAmico
50. #SaluteEAnima
51. #SviluppoPersonale
52. #UnitiPerIlPianeta
53. #EspandiLaMente
54. #InsiemePerLaNatura

55. #StaiConnesso
56. #RallentaEPensa
57. #GiorniDiSerenità
58. #RitrovaIlBenessere
59. #RespiraConCalma
60. #ViaggioSostenibile
61. #SiiConsapevole
62. #IlTuoPercorso
63. #EmpatiaDigitale
64. #RicaricaEmotiva
65. #Risplendi2025
66. #AmorePerLaNatura
67. #SognaInGrande
68. #FotografiaDiPace
69. #CambiaAbitudini
70. #RitornaAllaSemplicità
71. #SiiPresente
72. #FuturoPositivo
73. #SiiGrato
74. #CreaValore
75. #TuttoInUnMinuto
76. #Respira2025
77. #PausaMeditativa
78. #BenessereSostenibile
79. #IniziaDaTe
80. #MomentiDiSerenità
81. #EcoScelte
82. #Autenticità2025
83. #SemplicitàConsapevole
84. #ViaggiVirtuali
85. #PraticaLaPazienza
86. #CuoreEAnima

87. #MindfulFuture
88. #NatureLover2025
89. #AmbienteSano
90. #RiscopriLaCalma
91. #Equilibrio2025
92. #BenessereConsapevole
93. #NuovaEra
94. #MomentiDiRiflesso
95. #GuidaAllaSemplicità
96. #TecnologiaETu
97. #LasciaAndare
98. #EcoInsieme
99. #PiccoliGesti
100. #ScelteIntenzionali

---

100 Parole e Frasi Leva per il 2025

1. Vivi consapevole.
2. Un piccolo gesto.
3. Un minuto di calma.
4. Respira, rilassati.
5. Ricarica mentale.
6. Equilibrio interiore.
7. Esperienza immersiva.
8. La tua pausa.
9. Prenditi cura di te.
10. Connetti mente e corpo.
11. La bellezza del semplice.
12. Sii presente.
13. Gratitudine quotidiana.
14. Vivi senza filtri.

15.   Ogni respiro conta.
16.   Pensa in grande.
17.   Viaggia con la mente.
18.   Natura e pace.
19.   Scopri nuove prospettive.
20.   Inizia da oggi.
21.   Scelte sostenibili.
22.   Trova la tua forza.
23.   Un passo alla volta.
24.   Libertà interiore.
25.   Risplendi dall'interno.
26.   Sii il cambiamento.
27.   Proteggi la tua energia.
28.   Guarda oltre.
29.   Sogna con intenzione.
30.   Pensa al pianeta.
31.   La semplicità è tutto.
32.   Torna alla natura.
33.   Crea la tua realtà.
34.   Fai una scelta consapevole.
35.   Emozioni autentiche.
36.   Rallenta, respira.
37.   Il tuo viaggio personale.
38.   Equilibrio in ogni cosa.
39.   Lascia andare lo stress.
40.   Vita senza plastica.
41.   Vero benessere.
42.   Ogni passo è un inizio.
43.   Riscopri la calma.
44.   Ritrova il tuo centro.
45.   Cresci ogni giorno.
46.   Potenzia la tua mente.

47. Connetti e condividi.
48. Ama la natura.
49. Fai la differenza.
50. Semplicemente felice.
51. Pensa in modo ecologico.
52. Esperienza condivisa.
53. Cura e gentilezza.
54. Emozioni profonde.
55. Benessere autentico.
56. Riscopri il silenzio.
57. Tieni i piedi per terra.
58. Ritrova la serenità.
59. Vivi nel presente.
60. Esplora con intenzione.
61. Prendi tempo per te.
62. Un passo alla volta.
63. Crea momenti di valore.
64. La bellezza della natura.
65. Prenditi il tuo tempo.
66. Viaggio interiore.
67. Sii gentile con te stesso.
68. Ricarica la tua anima.
69. Impara a dire di no.
70. Pensa positivo.
71. Vivi al massimo.
72. Esplora il tuo potenziale.
73. Ogni respiro conta.
74. Vivi in modo semplice.
75. Cura il pianeta.
76. Crea connessioni vere.
77. Respira e lascia andare.
78. Impara a fermarti.

79. Equilibrio e serenità.
80. Abbraccia la semplicità.
81. Ama te stesso.
82. Costruisci il tuo futuro.
83. Proteggi la tua energia.
84. Vivi in armonia.
85. Osserva il mondo.
86. Lasciati ispirare.
87. Costruisci una vita autentica.
88. Riconnettiti alla natura.
89. Trova il tuo ritmo.
90. Vivi la vita.
91. Fai scelte consapevoli.
92. Trova il tuo equilibrio.
93. Ama ogni istante.
94. Respira a fondo.
95. Pensa alla sostenibilità.
96. Sii te stesso.
97. Segui il tuo cuore.
98. Vivi in modo sostenibile.
99. Cura di te ogni giorno.
100. Vivi la tua verità.

Questi hashtag e frasi leva sono pensati per coinvolgere il pubblico del 2025, toccando temi di benessere, consapevolezza e sostenibilità. L'uso di parole e frasi semplici, dirette e significative è fondamentale per creare connessioni autentiche e stimolare l'engagement.

www.ingramcontent.com/pod-product-compliance
Lightning Source LLC
LaVergne TN
LVHW052127070326
832902LV00039B/1925